一人でもできる

シニアのかんたん

虚弱予防体操

斎藤道雄 著

50

JN033158

黎明書房

はじめに

「カンタンな体操の本」ではなく「とてもカンタンな体操の本」です

この本は，シニアおひとりさまでも，カンタンに出来る体操の本。
ではなく，
シニアおひとりさまでも，とてもカンタンに出来る体操の本です。

なぜなら，健常者向けの体操の本は，シニア（特に要介護レベルのシニア）にとっては，とてもむずかしいからです。

むずかしければ出来ません。出来なければおもしろくありません。おもしろくなければ眠たくなります。眠たくなれば居眠りします。少なくとも，ぼくの現場ではそれが現実です。

そこで，本書の登場です。

「えっー！　これがホントに体操？」

本書は，そう思うような，とてもカンタンな体操ばかりです！

たとえば。
両手をグーで前に出して下さい！
人差し指を伸ばして下さい！
出来る限り真っすぐにピーンと！
指先集中！
そのままで，声を出して５つかぞえましょう！

「いち，にい，さん，しい，ごお」

はい，それでオッケーです！

どうですか？

とてもカンタンでしょ。

これなら誰にてもカンタンに出来ます。

この本は，元気な人はもちろん。
体を動かすのが苦手な人や億劫な人にもおススメです！

思い通りに出来なくてもオッケーです！
この本で，とてもカンタンな体操を楽しんでください！

「とてもカンタンでたのしい！」

もしそう思っていただけたら，こんなうれしいことはありません！

この本の9つの特長

1 シニアご本人，介護施設の現場スタッフの方が主な対象です。

2 シニアのおひとりさまでも，とてもカンタンに出来ます。

3 腕を上げる，指をひらくなど，とてもシンプルな動作の体操ばかりです。

4 道具，準備一切不要です。

5 全ての体操が椅子に腰かけたままで出来ます。

6 体操の種類がとても豊富です。

7 カンタンに日替わりメニューが出来ます。

8 体操の説明がとても簡潔です。

9 体操支援者のための「支援者におススメの言葉がけ！」があります。

この本の使い方

1 その日の気分や体調に合わせて，メニューを差し替えてください！
2 ご自分だけの日替わりメニューが出来ます！
3 無理は禁物。1日1回からでもオッケーです！

1日のメニュー（例）		
おススメ **朝体操**	眠っている頭と体を起こしましょう！ **手のひら全開！ →30ページ**	
おススメ **昼体操**	気分をリフレッシュしましょう！ **背すじ伸ばし→15ページ**	
おススメ **夜体操**	1日の疲れをとりましょう！ **ふくらはぎストレッチ→10ページ**	

も　く　じ

I　ストレス解消

II　肩こり予防

Ⅲ　腰痛予防

Ⅳ　転倒予防

Ⅴ　認知症予防

① かかとトントン

片足でかかとをトントンする体操です。

ねらいとききめ　（足の血行促進）（足のリラックス）

すすめかた

① 足を腰幅にひらきます。
② 片足を前に伸ばします。
③ **足を5センチ持ち上げ
　て，かかとでトントンし
　ます。**
④ くつを履くときのよう
　な感じで。
⑤ あまり強くし過ぎない
　ように。
⑥ 何度か繰り返します。
⑦ 反対の足も忘れずに。

トン
トン

支援者におススメの言葉がけ！

「足を少し上に持ち上げて」より，③「足を5センチ持ち上げて，かかと
でトントンします」と言いましょう！

❷ ふくらはぎストレッチ

片足を前に伸ばして，つま先を上にする体操です。

ねらいとききめ　（足の血行促進）　（脚裏のストレッチ）

すすめかた

① 足を腰幅にひらきます。

② 片足を前に伸ばします。

③ かかとは床につけたまま。

④ つま先を上にします。

⑤ **かかとを遠くへ押し出します。**

⑥ そのままで深呼吸します。

（20秒）

⑦ 反対もどうぞ！

す—

は—

支援者におススメの言葉がけ！

「かかとを出します」より，⑤「かかとを遠くへ押し出します」と言いましょう！

❸ 胸のストレッチ

両手を後ろにして，胸を前に突き出す体操です。

ねらいとききめ 〔 姿勢保持 〕〔 胸の柔軟性維持 〕〔 リフレッシュ 〕

〔 すすめかた 〕

① 足を肩幅にひらきます。
② 両手を後ろで手首をつかみます。
③ 胸を張ります。
④ **胸を前に突き出します.**
⑤ 声を出して5つかぞえます。

いち
にい
さん
しい
ごお

支援者におススメの言葉がけ！

④「胸を前に突き出します」と言うことで，動作のイメージが明確になります。

11

④ 元気が出るポーズ

元気に声を出して，拳を振り上げる体操です。

ねらいとききめ （元気が出る） （声を出す）

すすめかた

① 「いち！」と言って，指を1本出します。
② 「にい！」と言って，指を2本出します。
③ 「さん！」と言って，指を3本出します。
④ 「オー！」と言って，拳を振り上げます。
⑤ **元気な声が出たら最高です！**

支援者におススメの言葉がけ！

　「元気を出しましょう！」より，⑤「元気な声が出たら最高です！」と言いましょう！

⑤ 手指の脱力

両手を力強く握ってから，一気に力を緩める体操です。

ねらいと**ききめ**　　握力アップ　　手・腕の血行促進　　リラックス

すすめかた

① 足を肩幅にひらきます。
② 両手をひざに置きます。
③ 胸を張ります。
④ 両手をグーにします。
⑤ 全部の指を出来る限り強く握ります。
⑥ 元気に声を出して５つかぞえます。
⑦ **５のときに，全部の指の力を一気に緩めましょう！**

支援者におススメの言葉がけ！

　「力を緩めます」より，⑦「５のときに，全部の指の力を一気に緩めましょう！」と言いましょう！

⑥ 深深呼吸

よりゆっくり，より深く呼吸をする体操です。

ねらいとききめ　　（ 集中力アップ ）　（ リフレッシュ ）

すすめかた

① 足を肩幅にひらきます。
② 両手をひざに置きます。
③ 胸を張ります。
④ 鼻から吸い込んで口から吐き出します。
⑤ ４回吸い込んで４回吐き出します。
⑥ **手でひざをたたいてカウントしましょう！**

いち，にい
さん，しい

すー
はー

支援者におススメの言葉がけ！

⑥「手でひざをたたいてカウントしましょう！」と言うことで，リズム感がよくなります。

⓻ 背すじ伸ばし

ひざを閉じて，背筋をピンと伸ばす体操です。

ねらいとききめ （姿勢保持）（リフレッシュ）（胸のストレッチ）

ち　　にい

しい

「…伸ばします」と言いましょう！

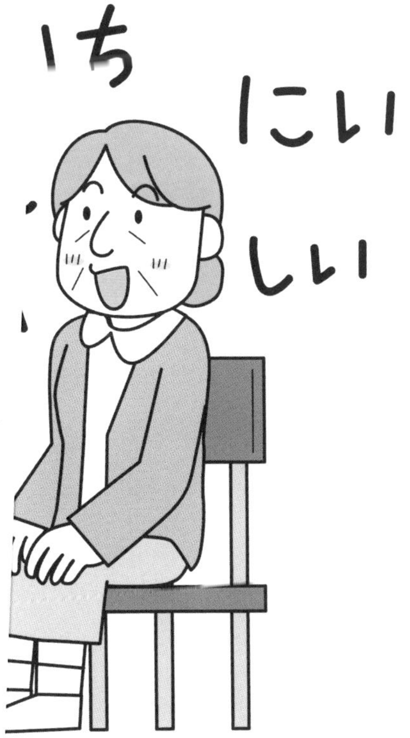

⑧ 癒しのポーズ①

両手を胸にあてて深呼吸する体操です。

ねらいとききめ　　リフレッシュ　　気分が落ち着く　　集中力アップ

すすめかた

① 足とひざを閉じます。

② **両手を胸にあてます。**

③ 胸を張ります。

④ 軽く目を閉じます。

⑤ そのままで深呼吸
をします。（20秒）

支援者におススメの言葉がけ！

②「両手を胸にあてます」と言うことで，気持ちがやすらぎます。

⑨ 癒しのポーズ②

足を投げ出して，体の重さをあずけるように背もたれにもたれかかる体操です。

ねらいとききめ　（気分が落ち着く）（集中力アップ）

すすめかた

① 椅子に深く腰かけます。
② 両足を前に投げ出します。
③ 両手をひざの上に置きます。
④ 背もたれにもたれかかります。
⑤ **体の重みを背もたれにあずけるようにして。**
⑥ 軽く目を閉じます。
⑦ 深呼吸をします。（20秒）

す－　は－

支援者におススメの言葉がけ！

⑤「体の重みを背もたれにあずけるようにして」と言うことで，自然に脱力出来ます。

17

⑩ 癒しのポーズ❸

背筋をピンと伸ばして，両腕を体の横でダラ～ンとする体操です。

ねらいとききめ　（気分が落ち着く）　（集中力アップ）

すすめかた

① 　足を肩幅にひらきます。
② 　背筋をピンと伸ばします。
③ 　**両腕を体の横でダラ～ン
とします。**
④ 　軽く目を閉じます。
⑤ 　そのままで深呼吸をしま
す。（20秒）

支援者におススメの言葉がけ！

③「両腕を体の横でダラ～ンとします」と言うことで，自然に脱力します。

コラム①　生活そのものを運動にする

　体操をする。散歩する。誰かとおしゃべりをする。
　これ，元気な人，体力，気力，意欲のある人にはいいと思います。
　でも，もっとカンタンで長続きする方法があります。

　それは，生活そのものを動くようにしてしまう。

　たとえば，テレビのリモコンをやめる。使うときは，その都度，動く。
　たとえ，それが短い距離だとしても，塵も積もれば山となります。

　エアコンや照明。すべてのリモコンをやめれば，さらに運動量アップです。

　そんなの不便じゃないかって？
　ぼくはこれを運動だと思ってるので，不便だとは思いません。
　むしろ運動のチャンスです。

　不便 = 運動 = 健康

　不便は健康の秘訣です。

⑪ あべこべ腕回し

片腕は前から後ろへ，反対の腕は後ろから前へ回す体操です。

ねらいとききめ 　〔 器用さの維持 〕 　〔 肩の柔軟性維持 〕

すすめかた

① 足を肩幅にひらきます。

② 胸を張ります。

③ 両腕を前に伸ばします。

④ 片方の腕は上から後ろへ回します。（前から後ろへ）

⑤ 反対の腕は下から後ろへ回します。（後ろから前へ）

⑥ 両腕同時に。

⑦ 何度か繰り返します。

⑧ **上手にできなくてもオッケー。楽しんでしましょう！**

支援者におススメの言葉がけ！

　⑧「上手に出来なくてもオッケー。楽しんでしましょう！」と言うことで，やる気がアップします。

⑫ ひじ下げて

両手を上に持ち上げて，ひじを真下に下げる体操です。

ねらいとききめ 〔肩甲骨の柔軟性維持〕 〔姿勢保持〕 〔背中の力強化〕

すすめかた

① 足を肩幅にひらきます。
② 両手を上に持ち上げて手を軽く握ります。
③ 胸を張ります。
④ **そのままでひじを真下に下げます。**
⑤ とてもゆっくりと。
⑥ 限界のところで声を出して5つかぞえます。（②〜⑥を4回）

支援者におススメの言葉がけ！

「ひじを下げます」より，④「そのままでひじを真下に下げます」と言いましょう！

⓭ ひじ肩回し

ひじを正面から真後ろへ大きく回す体操です。

ねらいとききめ　[肩の柔軟性維持]　[リラックス]

すすめかた

① 足を肩幅にひらきます。
② 背筋をピンと伸ばします。
③ 片手を肩に置きます。
④ ひじを前に出します。
⑤ ひじを前から後ろへ回します。
⑥ **とてもゆっくりとていねいに。（③〜⑤を 4 回）**
⑦ 一休みしてから反対も。

支援者におススメの言葉がけ！

⑥「とてもゆっくりとていねいに」と言うことで，けがの予防になります。

🕝 ひじ上げて

手を肩に置いて，ひじを上に持ち上げる体操です。

ねらいとききめ　　（肩の柔軟性維持）　（体側のストレッチ）

すすめかた

① 　足を肩幅にひらきます。
② 　胸を張ります。
③ 　片手を肩に置きます。
④ 　**ひじを上に持ち上げます。**
⑤ 　無理をせず，ゆっくりとていねいに。
⑥ 　声を出して5つかぞえます。
⑦ 　一休みしてから反対も。

支援者におススメの言葉がけ！

「ひじを上げます」より，④「ひじを上に持ち上げます」と言いましょう！

⑮ ひっくり返して①

片腕を横に伸ばして，手のひらを前にしたり後ろにしたりする体操です。

ねらいとききめ　　〔肩の柔軟性維持〕　〔腕の血行促進〕

すすめかた

① 足を肩幅にひらきます。
② 背筋をピンと伸ばします。
③ 片腕を横に伸ばして手のひらを前にします。
④ **全部の指を出来る限りひらきます。**
⑤ そのままで手のひらを後ろにします。
⑥ 手と肩を同じ高さで。（③〜⑤を4回）
⑦ 一休みしてから反対も。

支援者におススメの言葉がけ！

「指をひらきます」より，④「全部の指を出来る限りひらきます」と言いましょう！

⑯ ひっくり返して②

片腕を下に伸ばして，手のひらを前にしたり後ろにしたりする体操です。

ねらいと**ききめ**　　（肩の柔軟性維持）　（指のストレッチ）

すすめかた

① 足を肩幅にひらきます。

② 背筋をピンと伸ばします。

③ 片手を下に伸ばして手のひらを前にします。

④ **全部の指を出来る限りひらきます。**

⑤ 手のひらを後ろにします。

⑥ ③〜⑤を何度か繰り返します。(10秒)

⑦ 一休みしてから反対も。

支援者におススメの言葉がけ！

「指をひらきます」より，④「全部の指を出来る限りひらきます」と言いましょう！

⑰ 引いて寄せて

ひじを真後ろに引いて，肩甲骨を引き寄せる体操です。

ねらいとききめ 背中の筋力アップ　胸のストレッチ　肩の柔軟性維持

すすめかた

① 足を肩幅にひらきます。
② ひじを直角に曲げて，手を軽く握ります。
③ 胸を張ります。
④ ひじを真後ろに引きます。
⑤ **肩甲骨を引き寄せるようにして。**
⑥ 限界のところで声を出して5つかぞえます。（②〜⑥を4回）

いち　さん　で　ごお　にい　しい

支援者におススメの言葉がけ！

⑤「肩甲骨を引き寄せるようにして」と言うことで，動かす部位が明確になります。

⑱ 押し出して①

手のひらを前にして，手と腕を前に押し出す体操です。

ねらいとききめ　（腕のストレッチ）　（肩の柔軟性維持）

すすめかた

① 足を肩幅にひらきます。
② 片手を前に伸ばします。
③ 手のひらを前にします。
④ **手と腕を前に押し出します。**
⑤ 声を出して５つかぞえます。
⑥ 一休みしてから反対も。

いち　さん　ごお　にい　しい

支援者におススメの言葉がけ！

「手を前に押します」より，④「手と腕を前に押し出します」と言いましょう！

⑲ 押し出して②

片腕を横に伸ばして，手のひらを横に押し出す体操です。

ねらいとききめ 　腕のストレッチ　　肩の柔軟性維持

すすめかた

① 足を肩幅にひらきます。
② 片腕を横に伸ばします。
③ 手のひらを外に向けます。
④ **手と腕を外に押し出します。**
⑤ 肩と腕が同じ高さになるように。
⑥ 声を出して5つかぞえます。
⑦ 一休みしてから反対も。

支援者におススメの言葉がけ！

「手を外に押します」より，④「手と腕を外に押し出します」と言いましょう！

28

⑳ 合わせてねじって

手のひらを合わせて，腕をねじる体操です。

ねらいとききめ　腕のストレッチ　肩の柔軟性維持

すすめかた

① 足を肩幅にひらきます。
② 両腕を前に伸ばします。
③ 手のひらを合わせます。
④ **腕と肩を前に押し出します。**
⑤ そのままで腕をひねります。（右腕が上）
⑥ 声を出して 5 つかぞえます。
⑦ 元に戻して反対もどうぞ！

いち にい
さん しい
ごお

支援者におススメの言葉がけ！

「両腕を前に伸ばします」より，④「腕と肩を前に押し出します」と言いましょう！

㉑ 手のひら全開！

片手をあげて全部の指を出来る限りひらく体操です。

ねらいとききめ　肩の柔軟性維持　指のストレッチ　リフレッシュ

すすめかた

① 足を肩幅にひらきます。
② 胸を張ります。
③ **片方の腕を上に持ち上げます。**
④ 全部の指を出来る限りひらきます。
⑤ 目線は指先に。
⑥ 元気に声を出して5つかぞえます。
⑦ 一休みしてから反対も。

いち にい さん しい ごお

支援者におススメの言葉がけ！

「手を上げます」より，③「片方の腕を上に持ち上げます」と言いましょう！

㉒ 大腕振って①

腕を前後に大きく振る体操です。

ねらいとききめ （肩の柔軟性維持） （腕ふり感覚維持）

すすめかた

① 足を肩幅にひらきます。

② 胸を張ります。

③ 手を軽く握ります。

④ **腕を前後に振ります。**

⑤ ひじが肩の高さになるぐらいに。

⑥ 何度か繰り返します。（20秒）

⑦ 一休みしてから反対も。

支援者におススメの言葉がけ！

「腕を振ります」より，④「腕を前後に振ります」と言いましょう！

㉓ 大腕振って②

全部の指を出来る限りひらいて，腕を前後に大きく振る体操です。

ねらいとききめ　〔肩の柔軟性維持〕　〔腕ふり感覚維持〕

すすめかた

① 椅子に浅く腰かけます。

② 胸を張ります。

③ 全部の指を出来る限りひらきます。

④ **ひじをピンと伸ばします。**

⑤ そのままで腕を前後に振ります。

⑥ 何度か繰り返します。（20秒）

⑦ 一休みしてから反対も。

支援者におススメの言葉がけ！

「ひじを伸ばします」より，④「ひじをピンと伸ばします」と言いましょう！

㉔ 腕しぼり

両腕を横に伸ばして，手のひらを上と下にする体操です。

ねらいと**ききめ**　〔 胸のストレッチ 〕〔 肩の柔軟性維持 〕〔 腕の血行促進 〕

すすめかた

① 足を肩幅にひらきます。

② **両腕を横に伸ばします。**

③ 右手のひらは上に，左手のひらは下にします。

④ 胸を張ります。

⑤ そのままで 5 つかぞえます。

⑥ 一休みして逆側も。

　　（右手のひらは下に，左手のひらは上に）

いち　にい　さん　しい　ごお

支援者におススメの言葉がけ！

　「両腕を横にひらきます」より，②「両腕を横に伸ばします」と言いましょう！

㉕ おじぎのポーズ

背筋をピンと伸ばして，とてもゆっくりとおじぎをする体操です。

ねらいと**ききめ**　姿勢保持　背中の柔軟性維持　集中力アップ

すすめかた

① 足を肩幅にひらきます。
② 両手をひざに置きます。
③ 背筋をピンと伸ばします。
④ そのままでおじぎをします。
⑤ **とてもゆっくりと。**
⑥ 元に戻します。
⑦ 深呼吸をして終わります。

支援者におススメの言葉がけ！

「ゆっくりと」より，⑤「とてもゆっくりと」と言いましょう！

㉖ かえるのポーズ

両手と両足を元気にひらく体操です。

ねらいとききめ 足腰強化 股関節（こかんせつ）の柔軟性維持 手先の器用さ維持

すすめかた

① 足を肩幅にひらきます。
② 胸を張ります。
③ **両腕を横に伸ばしてひじを直角に曲げます。**
④ 全部の指を出来る限りひらきます。
⑤ 元気に声を出して5つかぞえます。

いち　にい　さん　しい　ごお

支援者におススメの言葉がけ！

「ひじを曲げます」より，③「両腕を横に伸ばしてひじを直角に曲げます」と言いましょう！

㉗ タツノオトシゴのポーズ

両手を頭の上に置きながら，ひざを閉じて横に倒す体操です。

ねらいとききめ　腰の血行促進　でん筋のストレッチ　姿勢保持

すすめかた

① 足とひざを閉じます。
② 両手を頭の上に置きます。
③ 胸を張ります。
④ ひざを閉じたまま横に倒します。
⑤ **胸は正面。**
⑥ 声を出して5つかぞえます。
⑦ 一休みして逆側も。

いち　にい
さん
しい
ごお

支援者におススメの言葉がけ！

「胸は前」より，⑤「胸は正面」と言いましょう！

28 振り向いて

胸を張って真後ろを振り返る体操です。

ねらいとききめ 〔柔軟性維持〕 〔血行促進〕

すすめかた

① 足を肩幅にひらきます。
② 両手をひざに置きます。
③ 胸を張ります。
④ **そのままでゆっくりと真後ろを振り返ります。**
⑤ 顔と胸を後ろに向けるようにして。
⑥ 声を出して5つかぞえます。
⑦ 一休みして逆側も。

いち
さん
ごお
にい
しい

支援者におススメの言葉がけ！

「後ろを振り返ります」より，④「そのままでゆっくりと真後ろを振り返ります」と言いましょう！

29 前屈のポーズ

足を肩幅にひらいて，両手でつま先をさわる体操です。

ねらいとききめ　柔軟性維持　リフレッシュ

すすめかた

① 足を肩幅にひらきます。
② 両手をひざに置きます。
③ 両手を徐々に下に下げて，つま先をさわります。
④ とてもゆっくりと。
⑤ 難しければ，足首でもオッケーです。
⑥ **そのままで声を出して5つかぞえます。**
⑦ 元に戻します。（とてもゆっくりと）

支援者におススメの言葉がけ！

⑥「そのままで声を出して5つかぞえます」と言うことで，自然に息を吐き出します。

㉚ 全開のポーズ

両足を全開にして，胸を張っておへそに力を入れる体操です。

ねらいとききめ 足腰強化 腹筋の強化 元気が出る

すすめかた

① 足を出来る限りひらきます。
② つま先を外に向けます。
③ 両手をひざに置きます。
④ 胸を張ります。
⑤ おへそに力を入れます。
⑥ **元気に声を出して５つかぞえます。**

支援者におススメの言葉がけ！

⑥「元気に声を出して５つかぞえます」と言うことで，自然に息を吐き出します。

㉛ Y字バランス

両腕を上に持ち上げて，片足を 5 センチ持ち上げる体操です。

ねらい と ききめ   バランス感覚体感   肩の柔軟性維持

すすめかた

① 足を腰幅にひらきます。
② 胸を張ります。
③ 両腕を上に持ち上げます。
④ **そのままで片足を 5 センチ持ち上げます。**
⑤ 声を出して 5 つかぞえます。
⑥ 一休みして反対も。

いち　にい
さん　しい
ごお

支援者におススメの言葉がけ！

「片足を少し持ち上げます」より，④「そのままで片足を 5 センチ持ち上げます」と言いましょう！

㉜ いちにの足ぶみ

元気に声を出して足ぶみする体操です。

ねらいとききめ (姿勢保持) (元気が出る)

すすめかた

① 足を腰幅にひらきます。
② 胸を張ります。
③ 腕を振って足ぶみします。
④ 「いちに！　いちに！……」と声を出して。（20秒）
⑤ 元気な声が出たら最高です！

いちに！

いちに！

支援者におススメの言葉がけ！

　④「『いちに！　いちに！……』と声を出して」と言うことで，自然に足腰に力が入ります。

㉝ かかとタッチ

片足を持ち上げて，片手でかかとをタッチする体操です。

ねらいとききめ　足腰強化　柔軟性維持

すすめかた

① 足を腰幅にひらきます。
② 右足のひざを上に持ち上げます。
③ 上げた足のかかとを左手でタッチします。
④ 難しければ，足首でもオッケー。
⑤ **「タッチ」と声を出してします。（左右４回ずつ）**
⑥ バランスを崩さないように注意しましょう。

支援者におススメの言葉がけ！

⑤「『タッチ』と声を出してします」と言うことで，自然に息を吐き出します。

34 クロスステップ

両足をクロスして戻す体操です。

ねらいとききめ　足の器用さ維持　バランス力アップ

すすめかた

① 足とひざを閉じます。
② 両手をひざに置きます。
③ 右足の右に左足を移動します。（1，2）
④ 元に戻します。（3，4）
⑤ 左足の左に右足を移動します。（5，6）
⑥ 元に戻します。（7，8）
⑦ **口に出してかぞえてしましょう！　（③～⑥を４回）**

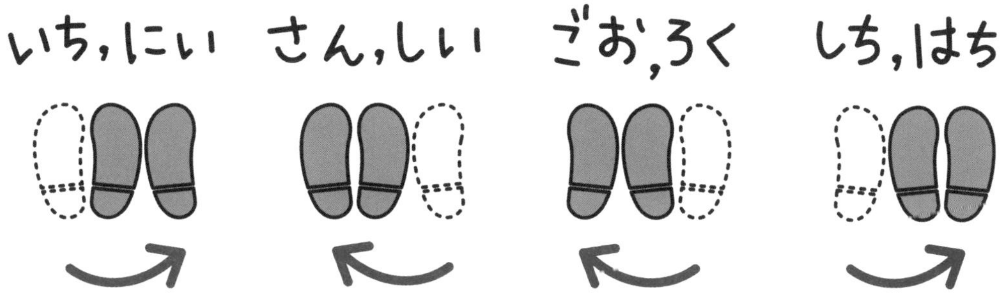
いち，にい
さん，しい
ごお，ろく
しち，はち

支援者におススメの言葉がけ！

⑦「口に出してかぞえてしましょう！」と言うことで，リズム感がよくなります。

㉟ つま先オープン

足とひざを閉じてつま先をひらく体操です。

ねらい と ききめ　股関節の柔軟性維持　足の器用さ維持

すすめかた

① **足とひざを閉じます。**
② 両手をひざに置きます。
③ 胸を張ります。
④ つま先を出来る限り外にひらきます。
⑤ かかとは閉じたままで。
⑥ 元に戻します。（③～⑥を4回）

支援者におススメの言葉がけ！

「足を閉じます」より，①「足とひざを閉じます」と言いましょう！

44

㊱ ものマネなわとび

なわとびを跳ぶものマネをする体操です。

ねらいと**ききめ** 足腰強化 腹筋強化 イメージ力アップ

すすめかた

① 足を腰幅にひらきます。
② **手を軽く握ります。**
③ （つま先をつけたまま）かかとを持ち上げます。
④ 同時に手首を回します。
⑤ なわとびを跳んでるイメージで。
⑥ 「ピョン」と声を出してしましょう！（③〜⑥を4回）

支援者におススメの言葉がけ！

②「手を軽く握ります」と言うことで，手・腕に余計な力が入りません。

㊲ もも上げ

片足を持ち上げて，ももを胸に近づける体操です。

ねらいとききめ　（足腰強化）　（筋力アップ）

すすめかた

① 足を腰幅にひらきます。

② 胸を張ります。

③ 両手で椅子を押さえます。

④ 片足を上に持ち上げます。

⑤ **ももを胸に近づけるように。(左右
4 回ずつ)**

支援者におススメの言葉がけ！

　⑤「ももを胸に近づけるように」と言うことで，動作のイメージが明確に
なります。

㊳ ロボット歩き

右手と右足，左手と左足を一緒に動かす体操です。

ねらいと**ききめ**　(足腰強化)　(器用さの維持)

すすめかた

① 足を腰幅にひらきます。

② 胸を張ります。

③ 腕を前後に振って足ぶみします。

④ 右腕を振る時は右足を一緒に，左腕を振る時は左足を一緒に上げます。

⑥ 何度か繰り返します。

⑦ **上手に出来なくてもオッケー。楽しんでしましょう！**

支援者におススメの言葉がけ！

⑦「上手に出来なくてもオッケー。楽しんでしましょう！」と言うことで，やる気がアップします。

㊴ ワイパー

片足を前に伸ばして，つま先を左右に動かす体操です。

ねらいとききめ　足首の柔軟性維持　股関節の柔軟性維持

すすめかた

① 足を腰幅にひらきます。
② 片足を前に伸ばします。
③ かかとは床につけたままで。
④ **両手で椅子を押さえます。**
⑤ つま先を左右に動かします。
⑥ 何度か繰り返します。
⑦ 一休みして反対も。

支援者におススメの言葉がけ！

　④「両手で椅子を押さえます」と言うことで，体が安定してけがの予防になります。

㊵ 手足合掌

手と足を閉じて押し合う体操です。

ねらいとききめ （足腰強化） （腕と胸の筋力アップ）

すすめかた

① 胸を張ります。
② **足とひざを閉じます。**
③ 両手を胸の前で合わせます。
④ ひざとひざ，手と手を同時に押し合います。
⑤ 手とひじの高さが同じになるように。
⑥ 声を出して5つかぞえます。

いち
にい
さん
しい
ごお

支援者におススメの言葉がけ！

「足を閉じます」より，②「足とひざを閉じます」と言いましょう！

㊶ 足引いて

片足を後ろに引いて，前足のかかとにつける体操です。

ねらいとききめ　足腰強化　バランス感覚維持

すすめかた

① 足を腰幅にひらきます。
② **かかとがひざの真下に来るように
します。**
③ 片足を後ろに引きます。
④ 前足のかかとにつま先をつけます。
⑤ 元に戻します。（左右４回ずつ）

支援者におススメの言葉がけ！

　②「かかとがひざの真下に来るようにします」と言うことで，足の位置が
明確になります。

㊷ 足指曲げて

全部の足指を出来る限り強く握る体操です。

ねらいと**ききめ**   〔足指感覚の維持〕 〔足指の力強化〕

〔**すすめかた**〕

① 足を肩幅にひらきます。
② 両手をひざに置きます。
③ 片足を前に出します。
④ **全部の足指を出来る限り強く握り**
   ます。
⑤ 元気に声を出して5つかぞえます。
⑥ 反対も忘れずに。

いち　にい
さん　しい
ごお

支援者におススメの言葉がけ！

「足指を曲げます」より，④「全部の足指を出来る限り強く握ります」と
言いましょう！

㊸ ひざの曲げ伸ばし

片足を前に伸ばして，出来る限りひざから下を伸ばす体操です。

ねらいと**ききめ** （足腰強化） （ひざの屈伸維持）

すすめかた

① 足を腰幅にひらきます。
② 片足を前に伸ばします。
③ **出来る限りひざから下が伸びるようにして。**
④ 声を出して5つかぞえます。
⑤ 一休みしてから反対も。

いち
にい
さん
しい
ごお

支援者におススメの言葉がけ！

「ひざが伸びるように」より，③「出来る限りひざから下が伸びるようにして」と言いましょう！

コラム②　胸を張って元気になる

ご存じですか？　胸を張るのって，とてもスゴいんです！

胸を張るだけで元気（になった気分）になります。
胸を張るだけですよ，胸を。

姿勢と気分はリンクしています。
姿勢がよければ気分もよし。
気分がよければ姿勢もよし。

いきなり問題です。
気分と姿勢，カンタンにコントロール出来るのはどっち？
はい正解！　姿勢です。

「病は気から」と言います。
「気は姿勢から」です。
つまり，
「病は姿勢から」です。

㊹ あべこべグーパー

「グー」と言ってパーを出す，口と手があべこべの体操です。

ねらいとききめ （指先の器用さ維持） （声を出す）

すすめかた

① 足を肩幅にひらきます。

② 「グー」と言って，パーを出します。

③ 「パー」と言って，グーを出します。

④ ②，③を何度か繰り返します。

⑤ はじめはゆっくりと。

⑥ 慣れてきたら徐々にテンポアップ！

⑦ **間違えてもオッケー。楽しんでしましょう！**

グー  パー

支援者におススメの言葉がけ！

「間違えないように」より，⑦「間違えてもオッケー。楽しんでしましょう！」と言いましょう！

㊺ かぞえてたたいて！

3の倍数で手をたたく体操です。

ねらいと**ききめ**　　(手・腕の血行促進)　(声を出す)　(集中力アップ)

すすめかた

① 　1〜30まで口に出してかぞえます。
② 　両手をひざに置きます。
③ 　ただし3の倍数は言わずに，手をたたきます。
④ 　「1」「2」「パン」「4」「5」「パン」……
⑤ 　**30まで出来たら大成功です！**
⑥ 　間違えるのも大事。楽しんでしましょう！

いち
にい
パン

しい
ごお
パン

支援者におススメの言葉がけ！

⑤「30まで出来たら大成功です！」と言うことで，やる気がアップします。

㊻ 指ストレッチ

出来る限り指をピーンと伸ばす体操です。

ねらいと**ききめ** （手先の器用さ維持）　（集中力アップ）

すすめかた

① 　片手を胸の前に出します。

② 　人差し指を伸ばします。

③ 　**出来る限りピーンと真っすぐ
に伸ばします。**

④ 　指先は真上。

⑤ 　声を出して５つかぞえます。

⑥ 　同様に，小指，中指，親指，
薬指の順にします。

⑦ 　一休みして反対もどうぞ！

支援者におススメの言葉がけ！

　「指を伸ばします」より，③「出来る限りピーンと真っすぐに伸ばします」
と言いましょう！

㊼ 指の屈伸

指の第一関節と第二関節だけを曲げ伸ばしする体操です。

ねらいとききめ　　(手先の器用さ維持)(手の血行促進)(集中力アップ)

すすめかた

① **両手の全部の指を出来る限り伸ばします。**

② 両手の全部の指の第一関節と第二関節だけ曲げます。

③ 付け根の関節はなるべく曲げないように。

④ ①，②を何度か繰り返します。

⑤ 両手をぶらぶらして終わります。

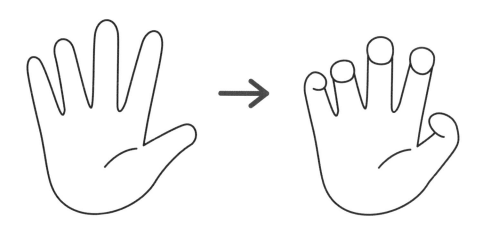

支援者におススメの言葉がけ！

「両手の指を伸ばします」より，①「両手の全部の指を出来る限り伸ばします」と言いましょう！

㊽ 全伸全開

出来る限り指を伸ばしてひらく体操です。

ねらいとききめ　指のストレッチ　手先の器用さ維持

すすめかた

① 足を肩幅にひらきます。
② 両手を前に出します。
③ **片方の手の，人差し指と中指を出来る限りピンと伸ばします。**
④ もう片方は，全部の指を出来る限りひらきます。
⑤ 両手同時に。
⑥ 声を出して5つかぞえます。
⑦ 一休みして，反対も忘れずに。

支援者におススメの言葉がけ！

「人差し指と中指を伸ばします」より，③「片方の手の，人差し指と中指を出来る限りピンと伸ばします」と言いましょう！

㊾ 全力全開

片手は出来る限り指を握って，反対は出来る限り指をひらく体操です。

ねらいと**ききめ**　(指のストレッチ)　(手先の器用さ維持)　(握力アップ)

すすめかた

① 足を肩幅にひらきます。
② 両手を前に出します。
③ **片方の手の，全部の指を出来る限り強く握ります。**
④ もう片方は，全部の指を出来る限りひらきます。
⑤ 両手同時に。
⑥ 声を出して５つかぞえます。
⑦ 一休みして，反対も忘れずに。

支援者におススメの言葉がけ！

「指を強く握ります」より，③「片方の手の，全部の指を出来る限り強く握ります」と言いましょう！

㊿ 薬指から1・2・3

薬指からはじまる指の体操です。

ねらいと**ききめ** 〔手先の器用さ維持〕〔指のストレッチ〕〔集中力アップ〕

すすめかた

① 両手をグーにします。

② 「1」と言って薬指を伸ばします。

③ 「2」と言って，親指と人差し指を伸ばします。

④ 「3」と言って，小指と薬指と中指を伸ばします。

⑤ ②→③→④の順に何度か繰り返します。

⑥ **口に出してかぞえます。**

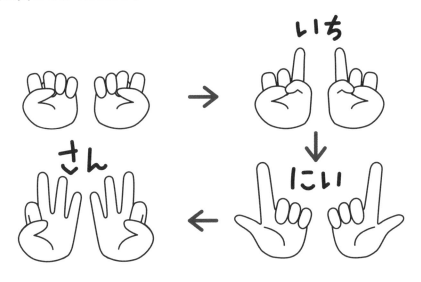

支援者におススメの言葉がけ！

⑥「口に出してかぞえます」と言うことで，リズム感がよくなります。

おわりに

健康の秘訣は幸せ

いきなりですが，問題です。

「幸せは（　　　）ではなく，（　　　）である」

さて，（　　　）に入る言葉は，何だと思いますか？

ある哲学者は言いました。
「幸せは（手に入れるもの）ではなく，（気づくもの）である」

そうなんです！ 幸せって，どこかで，探したり，見つけたり，手に入れたりするものじゃないんです！　どうりで探しても見つからないはずです。

そう考えると，幸せになるのはカンタンなことなのかもしれません。

だって，もうすでに幸せなんです。あとはそれに気づくだけ。
それだけで幸せになれるんですから。

幸せと健康の因果関係を調べる研究があるそうです。
それによれば，「幸せは健康によい影響を及ぼす」というのです。

ぼくは，これまで，てっきりこう思ってました！

「健康は幸せによい影響を及ぼす」

ぼくが，逆だったんです！

あれ⁉　ちょっと待ってください！　っていうことは……。

健康になるのもカンタンなのでは？

だって，
「幸せは気づくもの」

そして，
「幸せは健康によい」

ならば，
幸せに気づけば，健康なんです！

健康になりたいなら？

もうおわかりですね。

気づくだけです。

幸せに。

令和2年6月
　　　　　　　　　　　　　　ムーヴメントクリエイター　斎藤道雄

著者紹介

●斎藤道雄

体操講師，ムーヴメントクリエイター。

クオリティ・オブ・ライフ・ラボラトリー主宰。

自立から要介護シニアまでを対象とした体操支援のプロ・インストラクター。

体力，気力が低下しがちな要介護シニアにこそ，集団運動のプロ・インストラクターが必要と考え，運動の専門家を数多くの施設へ派遣。

「お年寄りのふだん見られない笑顔が見られて感動した」など，シニアご本人だけでなく，現場スタッフからも高い評価を得ている。

[お請けしている仕事]
○体操教師派遣（介護施設，幼稚園ほか）　○講演　○研修会　○人材育成　○執筆

[体操支援・おもな依頼先]
○養護老人ホーム長安寮
○有料老人ホーム敬老園（八千代台，東船橋，浜野）
○淑徳共生苑（特別養護老人ホーム，デイサービス）ほか

[講演・人材育成・おもな依頼先]
○世田谷区社会福祉事業団
○セントケア・ホールディングス（株）
○（株）オンアンドオン（リハビリ・デイたんぽぽ）ほか

[おもな著書]
○『シニアの1,2分間運動不足解消体操50』
○『シニアの爆笑あてっこ・まねっこジェスチャー体操』
○『新装版　要支援・要介護の人もいっしょに楽しめるゲーム＆体操』
○『新装版　虚弱なシニアでもできる楽しいアクティビティ32』
○『少人数で盛り上がるシニアの1,2分体操＆ゲーム50』
○『椅子に腰かけたままでできるシニアのための脳トレ体操＆ストレッチ体操』
○『目の不自由な人も耳の不自由な人もいっしょに楽しめるかんたん体操25』
○『介護レベルのシニアでも超楽しくできる　声出し！　お祭り体操』
○『介護スタッフのためのシニアの心と体によい言葉がけ5つの鉄則』
○『要介護シニアも大満足！　3分間ちょこっとレク57』
○『車いすや寝たきりの人でも楽しめるシニアの1〜2分間ミニレク52』
○『1,2分でできるシニアの手・足・指体操61』
○『椅子に座ってできるシニアの1,2分間筋トレ体操55』（以上，黎明書房）

[お問い合わせ]
ブログ「みちお先生のお笑い介護予防体操！」：http://qollab.seesaa.net/
メール：qollab.saitoh@gmail.com
＊イラスト・さややん。

一人でもできるシニアのかんたん虚弱予防体操50

2020年10月25日　初版発行

著　者	斎藤道雄	
発行者	武馬久仁裕	
印　刷	藤原印刷株式会社	
製　本	協栄製本工業株式会社	

発　行　所　　　　　　　株式会社　黎明書房

〒460-0002　名古屋市中区丸の内3-6-27　EBSビル　☎052-962-3045
FAX 052-951-9065　振替・00880-1-59001
〒101-0047　東京連絡所・千代田区内神田1-4-9　松苗ビル4階
☎03-3268-3470

落丁本・乱丁本はお取替します。　　　　　　ISBN978-4-654-07680-2

シニアの1，2分間
運動不足解消体操 50

斎藤道雄著　　　　　B5・63頁　1650円

椅子に腰かけたまま出来る，シニアの運動不足解消に役立つ体操50種を収録。「簡単。なのに，楽しい！」体操で，誰でも飽きずに運動できます。施設のスタッフのためのアドバイス付き。2色刷。

シニアの爆笑あてっこ・まねっこ
ジェスチャー体操

斎藤道雄著　　　　　B5・63頁　1650円

簡単，短時間，準備不要！　そんな，三拍子そろった，スタッフもシニアも笑顔になれるジェスチャー体操50種を公開。1人で出来る体操から元気に体を動かす体操まで，様々な場面で活用できます。2色刷。

少人数で盛り上がるシニアの
1，2分体操＆ゲーム 50

斎藤道雄著　　　　　B5・64頁　1650円

「少人数」「1，2分」「準備なし，道具不要」の3拍子そろった体操＆ゲームを各25種紹介。シニアが楽しく身体と頭を動かして元気に遊べる体操＆ゲームです。待ち時間に活用できます。2色刷。

椅子に座ってできるシニアの
1，2分間筋トレ×脳トレ体操 51

斎藤道雄著　　　　　B5・64頁　1650円

右手と左手で違う動きを同時にしたり，口で「パー」と言いながら手は「グー」を出したり……，筋トレと脳トレがいっしょにできる体操を51種紹介。2色刷。

1，2分でできる！
シニアにウケる爆笑体操 44

斎藤道雄著　　　　　B5・70頁　1650円

笑って体を動かせばますます元気に！　道具も要らず座ってできる手・指・顔・足等を使った44の爆笑体操を，図を交えて紹介。スタッフのための爆笑体操の成功のワザも収録。2色刷。

椅子に座ってできる
シニアの1，2分間筋トレ体操 55

斎藤道雄著　　　　　B5・68頁　1650円

ちょっとした空き時間に，椅子に腰かけてでき，道具も不要で，誰もが楽しめる筋トレ体操を55種収録。よい姿勢を保つ力，歩く力等がつくなど，生活に不可欠な力をつける体操が満載。2色刷。

1，2分でできる
シニアの手・足・指体操 61

斎藤道雄著　　　　　B5・72頁　1700円

いつでも，どこでも，誰にでも，手軽にできて，運動効果抜群！　の手と足と指をメインにした体操を61種収録。現場スタッフのための体操の声掛けのコツ，体操を盛り上げるポイント付き。2色刷。

新装版　要支援・要介護の人もいっ
しょに楽しめるゲーム＆体操

斎藤道雄著　　　　　B5・90頁　1700円

いっせいに同じ体操をするのではなく，1人ひとりに合うように少しやり方を変えるだけで，参加者の誰もが満足。『要支援・要介護の人もいっしょに楽しめるゲーム＆体操』を新装・大判化。

新装版　虚弱なシニアでもできる
楽しいアクティビティ 32

斎藤道雄著　　　　　B5・92頁　1700円

大きな運動が難しい，虚弱なシニア向けの，身体の活動を促すかんたんアクティビティを32種類紹介。『特養でもできる楽しいアクティビティ32』を改題，新装・大判化。

表示価格は本体価格です。別途消費税がかかります。

■ホームページでは，新刊案内など，小社刊行物の詳細な情報を提供しております。「総合目録」もダウンロードできます。
http://www.reimei-shobo.com/